하늘바라기

하늘바라기

발 행 일   2024년 12월 13일

지 은 이   김은주

편   집   구부회

발 행 처   도서출판 담아서

주   소   경기도 시흥시 배곧3로 27-8

전   화   0505-338-2009

팩   스   0505-329-2009

계좌번호   신한 110-240-197576 (예금주: 구부회)

등록번호   2021-000013호

ISBN 979-11-94121-05-3 (03230)

독자의 의견을 기다립니다.

damaserbooks@naver.com

하
늘
바
라
기

· · · · · ·

살아 숨 쉴 수 있음에 감사
영혼에 기쁨으로 채우시니 감사

김 은 주 지음

담아서

목차

시집을 펴내면서…

　내 인생은 '나의 것이 아니라'고 하는 전환점이 많았습니다. 그 삶에서 단련된 믿음으로 일상에서 주님을 발견하고, 마음의 글을 적어 보며, 동생과 친구에게 읽어주었습니다. 그들의 감동과 격려에 힘입어 하늘 아래 아주 작은 날개를 펼쳐봅니다.

　사슴이 시냇물을 찾듯이, 내 영혼은 주님을 갈망합니다. 세상 것으로는 채우고, 채워도 채울 수 없는 갈증이 남아 있습니다. 이것을 몸소 체험하기에 하늘을 향하여 끊임없이 갈망하며, 살아 숨을 쉬게 합니다. 마침내 나의 작은 몸짓은 주님의 넉넉한 품 안에서 평안과 행복을 누립니다.

　시집 『하늘바라기』는 때때로 사랑의 주님을 사모하면서도 세상에서 뒹굴고, 넘어지고, 깨지고, 또다시 일어서며, 그 가운데 만나주신 주님의 은혜를 믿음과 기도의 언어로 표현했습니다.

　우리의 영혼과 삶을 풍요롭고 만족하게 하실 분은 주님 한 분밖에 없습니다. 주님은 우리가 죄인 되었을 때에도 부르시고, 어느

곳에 있든지, 무엇을 하든지, 어떻게 하든지 간에 우리 곁에서 항상 돌보시고 인도하길 원하십니다. 나약하고 미련한 인생이지만, 성령님의 힘으로 날마다 하늘 아버지 주님을 사모하고, 순종하며, 그 뜻대로 하루하루 승리하길 기도합니다.

지치고 힘든 독자님들께 힘이 되고, 위로가 되며, 함께 소망으로 걸어가길 축복합니다.

하늘 아래 작은 날개를 펼치며
김은주

이상명 박사

(캘리포니아 프리스티지대학교, 전 미주장로회신학대학교 총장)

시인은 가장 낮은 자의 시선과 몸짓으로 일상 풍경 속에 드리운, 소소하나 풍성한 하늘 은총을 노래합니다. 하늘은 가장 낮은 자세로 접지해서 바라볼 때 그 광대함과 장엄함을 드러내는 법입니다. 시인의 간결하고 담백한 시어마다 이는 감사와 사랑의 파문(波紋)은 독자들의 마음에 일렁이며 하나님의 형상을 되살립니다. 이는 시인의 시가 주는 즐거움이요 선물입니다.

하나님의 마음으로 바라보는 시인의 세계에는 감사, 사랑, 자유, 평화, 기쁨이 한가득입니다. 시인의 시집 『하늘바라기』는 창조주 하나님께 대한 긍정에 다름 아닙니다. 시인의 몸과 마음으로 엮은 이 시집은 우리 안에 드리운 부정과 어둠을 물러가게 하고 '하늘바라기'로서 세상을 따뜻하게 바라보는 시선과 타인을 환대하는 힘이 있습니다. 맑은 영혼과 정제된 언어로 빚은 이 시집은 시인이 하나님께 바치는 고백시와도 같습니다.

시를 읽는 내내 시인의 고백은 어느덧 읽는 이들의 마음에 공명되어 우리가 함께 부를 찬양과 곡조 있는 기도가 됩니다.

임윤택 시인

(캘리포니아 프리스티지대학교 박사원 원장)

시는 생명의 호흡이고, 사랑의 노래입니다. 시인의 성품에서 풍겨나는 향기이며, 삶으로 시를 씁니다. 김은주 시인이 그렇습니다.

김은주 시인의 시집 『하늘바라기』는 우리에게 영적, 학문적, 그리고 철학적인 심연을 탐구할 수 있는 기회를 제공합니다. 시인은 독자에게 삶의 의미와 신앙의 본질을 노래합니다. 시인은 "고난은 온몸으로 노래한다 / 천국 축복의 시작이라고" 이렇게 표현하여 고난을 견디며, 부활과 영광의 날을 신뢰하고 소망합니다.

시인은 사랑의 진실에 대해 깊이 있는 통찰을 제공합니다. "사랑의 진실은 / 거짓 모양과 입술에 있지 않고 / 온 마음으로 행동하는"이라는 구절은 사랑의 본질이 행동으로 드러나야 함을 강조합니다. 이러한 메시지는 단순한 시적 감성을 넘어, 신앙적 실천으로 이어지게 합니다.

저의 마음을 움직인 것은 "하늘을 품은 사람" 시로써 영적 여정과 신성한 사명이 개인에게 부여되는 과정을 생생하게 그려냅니다. "지구 풀잎에 앉아 하늘의 소식을 전해줬다"라는 구절은 하늘의 영감과 지상의 사명을 정교하게 엮어내며, 높고 드높은 하늘이 겸손한 땅으로 내려오는 장면을 묘사합니다. 고요하면서도 깊은 신성과의 만남을 떠올리게 하며, 하늘의 진리를 전하는 메신저의 역할을 암시합니다. 또한, 하나님의 형상을 닮은 자들을 위해 약속된 "천국 잔치"라는 그림을 통해 신성한 부름을 더 깊이 탐구합니다. 이 약속은 영적인 사명을 성실히 수행하는 자들에게 주어지는 궁극적인 보상과 성취를 은유적으로 나타냅니다. "복음의 사명을 다하는 날에 하늘 보좌에서 초대 한다고"라는 구절은 신성한 의무와 충실한 자에게 주어진 영원한 초대를 강조하며, 영적 헌신의 변혁적 힘을 강조합니다. "사역이 힘들지 않게 든든한 동역자도 함께 보내줬다고." "든든한 동역자"의 약속은 영적 사역의 공동체적측면을 강조하며, 하나님께서 사역의 기쁨과 수고를 함께 나누는 동반자를 제공하심을 나타냅니다. 지상의 사역에서 마주하는 도전을 인식하며, 신의 지원에 대한 안심을 제공합니다.

"하늘을 품은 사람"은 신성한 영감과 인간의 행동이 만나는 지점을 시적으로 성찰한 작품입니다. 독자에게 겸손과 믿음으로 하늘의 부름을 받아들이라고 권면하며, 영적 여정의 길을 걸을 때 하나님의 변함없는 존재와 지원을 확신시킵니다. 이 시는 참된 성취가 신성한 목적에 삶을 맞추고 영원한 교제의 천상의 약속을 신뢰하는 데 있음을 다시 기억하게 합니다.

마지막으로, 김은주 시인의 작품은 신앙의 여정에서 마주하는 다양한 감정과 경험을 성령의 인도하심 아래 성찰할 수 있도록 합니다. 시인은 "성령의 사람은 슬픔에도 웃음을 전달한다"는 표현으로 성령의 힘이 우리의 삶에 주는 기쁨과 희망을 강조합니다.

　이 시집은 선물입니다. 독자들에게 신앙의 깊이를 더하고, 삶의 모든 순간을 감사와 사랑으로 채울 수 있도록 안내하는 귀한 작품입니다. 김은주 시인의 『하늘바라기』는 하늘을 향한 우리의 바람과 그 안에 담긴 깊은 의미를 탐구하는 신앙 여정에 소중한 친구가 될 것입니다.

추천사 · · ·

정용암 목사

랜초한인교회

김은주 시집 『하늘바라기』에 대한 추천사를 쓰게 되어 매우 기쁘게 생각합니다.

이 컬렉션은 깊은 신앙으로 하나님과의 연결에 대한 진정한 갈망이 담겨 있는 한 시인의 마음입니다. 김은주의 작품은 마음에 직접적으로 말을 걸어 위로와 희망을 전하고 우리 삶을 인도하는 생명의 진리를 일깨워줍니다. 시를 읽는 과정은 마치 천로역정의 크리스천이 신앙 생활에서 경험되는 영적 투쟁, 승리, 기쁨, 영적 성찰을 깨닫는 여정과도 같습니다. 시의 각 구절들은 진리로 안내하는 등대와도 같습니다.

김은주의 『하늘바라기』를 정말 특별하게 만드는 것은 인생의 가장 힘든 순간에도 감사의 본질을 포착하는 능력입니다. 단순하면서도 심오한 언어를 통해 시인은 독자들에게 잠시 멈춰서 묵상하고 자신의 여정이 혼자가 아니라는 지식 속에서 평화를 찾도록 초대합니다. 감사, 인내, 아가페적 사랑의 주제는 독자를 감싸는 위안의 태피스트리를 만들어 치유와 영감을 제공합니다.

이 컬렉션은 단순한 시 그 이상입니다. 영적인 갱신을 추구하는 사람들을 위한 동반자입니다. 평범함 속의 아름다움, 약함 속에서 발견되는 강함, 감사하는 마음에서 우러나오는 기쁨을 일깨워 줍니다. 김은주의 시는 아무리 무거운 짐을 지고 있더라도 하늘을 바라보라고 다정하게 속삭이는 소망의 시입니다.

일상의 삶에 지쳐있는 분들, 영적 갈망속에 있는 분들께 진심으로 추천합니다. 마지막 페이지를 넘기는 순간 오랫동안 위로와 소망으로 영혼의 만족이 될 것이 분명합니다.

김태형 목사

(ANC 온누리교회 담임, Los Angeles)

『하늘바라기』시들을 하나 둘 씩 읽으며, 바위 틈에서도 영혼의 꽃을 피우고자 하는 소망이 느껴지고, 주님의 사랑이 은은히 풍겨 나와 마음을 따뜻하게 만들었습니다. 시의 여정 속에 내내 미소를 지었습니다.

내가 고민하는 것들을 고민해 주고, 지금 나에게 필요한 말들을 들려줘서 … 힘이 납니다. 이 시들은 수많은 인생의 고민과 짐을 갖고 사는 자들에게 마음의 위로를 주고, 방향을 가르쳐 줄 것을 확신합니다. 또한 복음의 동역자들과 함께 걸어가고, 예수 그리스도의 공동체 안에서 서로 격려하며, 세상의 빛으로 나가 사명으로 화답하게 할 것입니다.

저도 이 시집을 통해 마음을 다짐해 봅니다. 하늘 위에서 나를 사랑스럽게 바라보시는 주님 바라보기를 매 순간 할 것입니다!

주님께서 주신 삶을 찬양하고 감사하며 영광 돌리는 것은 그리스도인의 모습 입니다. 일상 속에서도 영성을 자아내는 『하늘바라기』시집을 천국을 소망하는 크리스천들에게 추천합니다.

추천사 · · ·

심혁창 아동문학가

(도서출판 한글 대표, 스마트북 울타리 발행인, 한국문인협회회원,
한국크리스천문학가협회 상임이사 역임)

사람의 마음은 얼굴에 그림으로 나타나듯이 시인의 얼굴에는 평화와 사랑이 찰랑입니다. 시인은 신앙에서 비롯되어 하나님을 찬양하는 그리스도의 사랑이 시심의 기저에서 흘러나와 믿음으로써 노래합니다. 한 편 한 편의 시들은 어려운 환경을 이기고 나아가 천상의 진리를 삶 가운데 채우며, 감사로 승리하길 독려합니다. 이 시집은 독자들에게 위로와 기쁨과 소망을 선사할 것입니다.

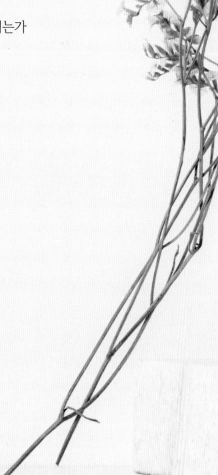

🌸 간구

언제까지 일까
끊어질 듯 끊어질 듯 연을 잇고 있어

어떻게 될까
끊이지 않는다면 삭아지려는가

무엇을 할까
끊어지길 바라기 보다
연합하도록 간구해야 해

❀ 감사

살아 숨쉴 수 있음에 감사

영혼에 기쁨으로 채우시니 감사

부르는 이 없어도

함께 하는 이 없어도

아무도 없어도

주님 함께 하므로

행복 할 수 있으니 감사

 감사만이

가슴 시려도 기도하게 만드니 감사

못난 마음이 더 어그러져도 깨쳐서 새것 만드니 감사

만질 수 없어도 영혼이 만나니 감사

당장 비전이 보이지 않아도 인내하게 만드니 감사

좁다란 생각으로 망쳐도 부서져서 넓은 마음 만드니 감사

아무 것도 할 수 없어도 주님만 바라니 감사

감사 할 수 없는 조건에도 감사를 하게 만드니 감사

감사만이 영혼이 깨어 주님과 하나 된다네~

걱정하지 마

걱정하지 마
붕어처럼 뻐끔뻐끔 이라도
숨쉬고 있어

걱정하지 마
아지랑이 피어 오르듯
나의 온기는 피어 올라

걱정하지 마
곧 아침해가 돋아 환하게 맞아주듯
주님이 안찰하실 거야

🌸 고난

고난은 아프다고 말하지 않는다
단지 소망으로 인내할 뿐이다

고난이 고난인 것은
부활의 약속을 신뢰하지 않기 때문이다

고난은 온몸으로 노래한다
천국 축복의 시작이라고

생명의 면류관을 받는 날에
천군천사와 함께 화답할 것이다.

❀ 고마운 사람

슬프게 하는 사람, 고마운 사람

화나게 하는 사람, 고마운 사람

고통을 주는 사람, 고마운 사람

역경을 주는 사람, 고마운 사람

기쁨으로 받으면, 모든 것이 감사의 조건

감사로 받으면, 모든 이가 고마운 사람

🌸 고요속에

귀가 들리지 않아
주님의 음성을 들어볼까
뭐라고 말씀하시는 걸까

책망일까
사랑일까

고요속에 귀 기울여 보자
주님께 더 가까이 오란다
복잡한 세상 소리를 멈추고
침묵의 음성으로 대화하잖다
사랑하잖다

주님 얼마나 기다리신 거예요 …
죄송해요
사랑해요
감사해요

구속

꽁꽁 묶여도 좋다
결박 당해도 좋다

온전히 당신의 것이 되니까 좋다

하나님 은혜의 구속
예수님 사랑의 구속
성령님 내주하심의 구속

🌸 구속의 삶

세상의 철창은
암흑과 공포뿐이다

하나님의 결박은
자유와 평화뿐이다

성령의 구속으로
더욱 견고하며 행복하다

주님께 꽁꽁 묶인 삶은
마냥 기쁘다

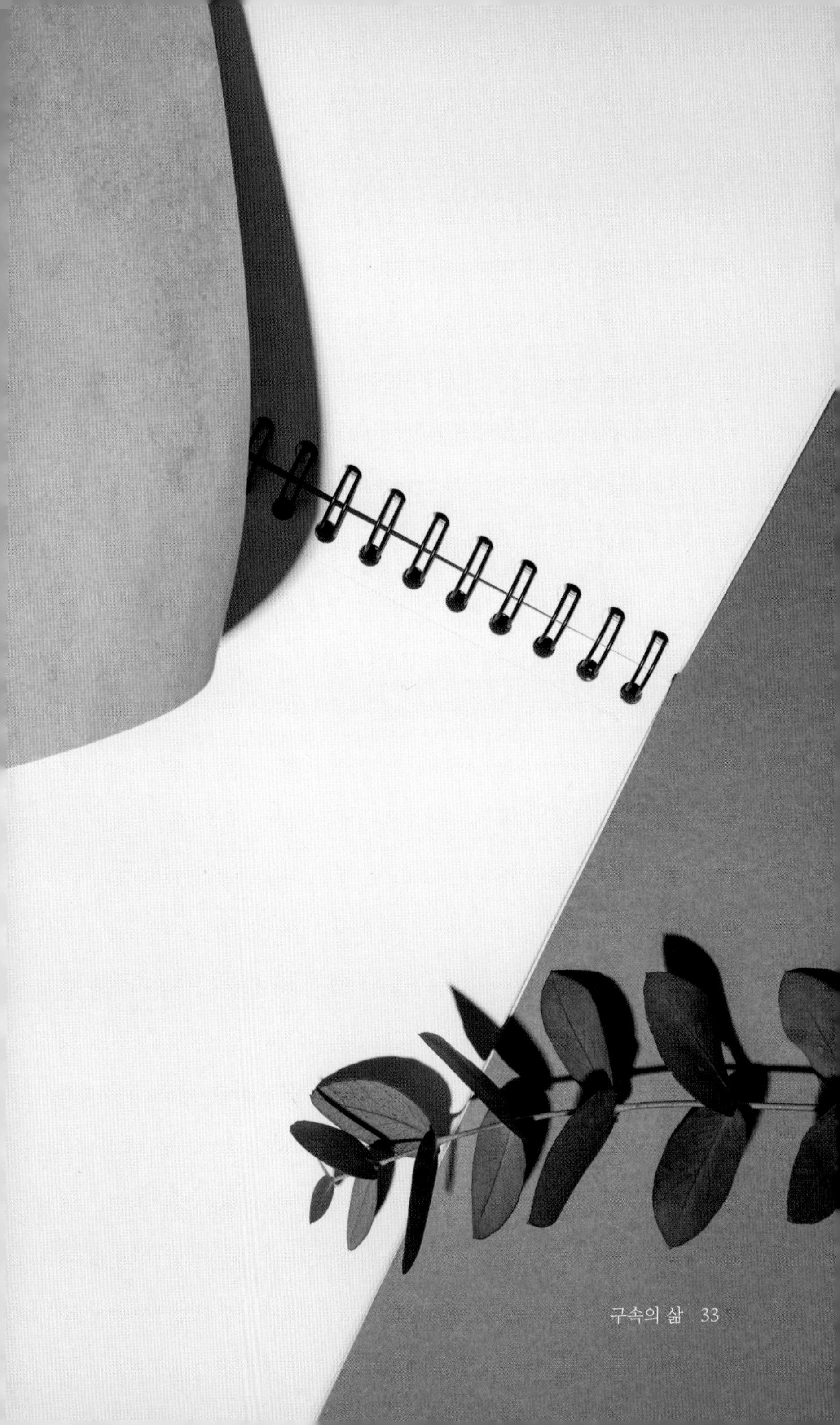

🌸 군중 속에 외침

군중 속에 외로움은
사랑하는 사람이 없기 때문이다

군중 속에 침묵하는 것은
사랑하는 사람의 소리를 찾기 때문이다

군중 속에 외침은
사랑하는 이의 복음을 만났기 때문이다

귀한 것

뒤에서 바라보고
옆에서 바라보고
앞에서 바라보는 것 보다 귀한 것은
위에서 바라보는 것이다

뒤에서 사랑하고
옆에서 사랑하고
앞에서 사랑하는 것 보다 귀한 것은
위에서 사랑하는 것이다

주님이 나를
위에서 바라보고
위에서 사랑하는 것이
이 땅의 무엇보다 귀하다

🌸 그것을

말하고 싶었어 그것을

알려 주고 싶었어 그것을

해주고 싶었어 그것을

간직하고 싶었어 그것을

이제 꺼내 볼께

영원한 복음을

🌸 그의 손길

그의 손길 솜사탕 같아 부드러워라
그의 손길 둥지 같아 안전하여라
그의 손길 날개 같아 행복하여라
그의 손길 태양 같아 사랑이어라

하늘 끝 닿아
바다 끝 닿아
그의 손길 무한하여라

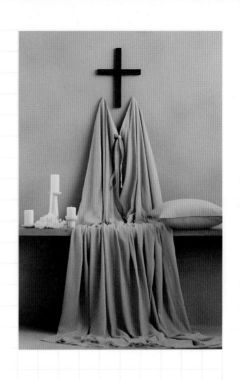

✿ 긍정의 사람

긍정의 사람은 바위 틈에 꽃을 피운다
긍정의 사람은 사막 가운데 오아시스를 만든다
긍정의 사람은 칠흑 같은 어둠속에도 빛을 발한다
긍정의 사람은 우주 한복판에 있어도 생명의 숨을 쉰다

주님 한 분만으로 넉넉함을 믿기에 …

🌸 기다릴께

사랑할 수 있니?
따라 올 수 있니?
감당 할 수 있니?
아마도 넌 어렵다 하겠지 …

기다릴께
많이 많이 …

그때가 되면 넌
십자가를 지고 따라 올 수 있을 거야

🌸 기다림

눈물로 기다렸네
애태우며 기다렸네
기쁨으로 기다렸네
소망으로 기다렸네

주님 내 마음에 오심을 …

수천년을 기다리네
수년을 기다리네
수개월을 기다리네
수시로 기다리네

주님 다시 오실 날을 …

기억하자

슬퍼질 때 기억하자
기쁨으로 인도하는 소리라고

외로워질 때 기억하자
함께 하기 위한 행복의 문이라고

삶이 어려워질 때 기억하자
더 좋은 삶을 위한
낮은 자의 훈련이라고

기억하자
주님은
한 순간도 떠나 계시지 않고
나와 함께 동행하고 있노라고

기적 1

눈물이 쌓인 만큼
기쁨이 쌓여지고

아픔이 쌓인 만큼
행복이 쌓여지네

고통이 쌓인 만큼
사랑이 쌓여지고

사랑이 쌓이고 쌓여
기적을 이루네

🌸 기적2

말씀 하나에 사랑이 하나

말씀 두 개에 사랑이 두 개

말씀 세 개에 사랑이 세 개

말씀이 많아진 만큼 사랑이 많아진다

사랑이 무한대이면 기적은 영원히 일어난다

까마귀

여기서 이 말 하고
저기서 저 말 하고
검은 속마음은 숨기고
허연 겉모습만 보여 주니

사람은 너의 속마음을 알지 못 할 진저
하나님은 아시나니
두렵고 떨림으로 사람 앞에서도
주님 앞에서 처럼 생각하자

눈 가리고 아웅은 천국행이 아니나니
보라
주님을 뵈옵는 천사들도 아느니라

회개와 정직으로 돌이켜보자
속 검고 겉이 흰 까마귀도 고쳐지리라
정녕 성령의 사람으로 거듭나리라

꼭

얘기 하고 싶은데 들어줄 사람이 없었어
미주알 고주알 종알거리고 싶어서
들어줄 사람을 보내 달라고 했지

그런데
주님이 기적 같은 사람을 보내 주었어

내가 말하지 않아도
미리 내 생각과 마음을 꿰뚫은
쿵 짝을 말하는 거야

너무나 기뻐서 내 마음이 달아나려 할 때
주님이 넌지시 알려 주셨어

그는 인간로봇이야
주님이 말씀하지 않으면 움직이지 않아
이리 오라 하면 오고
저리 가라 하면 가지

꼭 알아 두어야 해
주님이 나도 너도 만들었다는 걸
주인이 주님이시라는 걸 …

꿀 송이

꽃 향기 신부는 꿀벌 신랑을 찾아 나선다
신랑과 신부는 꿀 송이 보금자리를 꾸민다

꿀송이가 가득
행복이 가득
소망이 가득
사랑이 가득

주의 말씀은 꿀 송이 같아
신부의 마음을 흡족하게 녹인다

나아 오라

거기 너 서 있는가
눈빛을 주어도 틈이 없고
마음을 주어도 느끼지 못해
애처로이 바라만 보겠는가

거기 너 앉아 있는가
그리움의 소리를 높이고
사랑의 소리를 외치는데
먼 하늘만 바라겠는가

나아 오라
함께 가자
하늘이 노래하고
만물이 춤을 추는
마음의 성전으로 나아오라
주님이 동행하시리

🌸 나의 별

한 공간이 있다

시간의 공간이 있고 관념의 공간이 있으며 영적 공간도 있다

나는 그 공간을 안드로메다라고 부른다

나의 쉼의 안식처인 듯 하다

때로는 그 공간을 나의 별이라 지칭한다

나의 별에는 인자한 분이 계신다

한없이 미소 짓고 안아 주시는 분이다

때때로 나는 별을 찾는다

슬플 때도 찾고 기쁠 때도 찾고 소망할 때도 찾는다

슬플 때는 위로해 주시고 기쁠 때는 함께 웃어 주시며 소망할 때
비전을 주신다

나는 그 별을 참 좋아한다

아니 많이 사랑한다

그리고 사무치도록 그립다

사랑하는 나의 공간은 다른 친구도 초대하고 싶다

함께 영원히 있고 싶다

하늘 위의 하늘과 하늘의 공간이다

맑은 눈과 마음으로만 갈 수 있는 곳이다

오늘 하루를 내려놓고 잠드는 이 순간 나의 별을 찾아간다 …

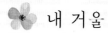 내 거울

철수 모습보고 내 손을 씻고
영희 모습보고 내 얼굴 씻고
영철 모습보고 내 발을 씻고
순자 모습보고 내 몸을 씻고

세상 사람들을 내 거울 삼아
내 몸과 마음을 깨끗이 할 수 있으니
참 고마운 일이네

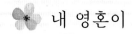 내 영혼이

내 영혼이 주님으로 인하여
힘을 얻고 기뻐하나이다
나의 가는 길이 주님으로 인하여
평탄하며 안식의 길로 가나이다
나의 인생이 주님으로 인하여
행복과 축복의 길로 가나이다

태양도 날 위해 떠오르고
바다도 날 위해 숨을 쉬고
세상도 날 위해 소리치나이다

어느 것 하나라도
주님의 명령에 거역함이 없나니
만물도 주님께 순종으로 나아감을
나의 가슴 깊이 새기나이다

복음의 소식이 만방을 향해 외쳐지니
주님의 놀라운 은혜가 이뤄짐으로
내 영혼이 참으로 경탄하며 경배하나이다

내가 필요한 건

내게 필요한 건
금도 아니요
은도 아니요
주님의 마음이다

많은 재물도 아니요
자랑의 명예도 아니요
정금 같은 믿음이다

촛불이 주위를 밝히고
별빛이 반짝이듯
누군가를 비추고 싶은 소망이다

별빛을 사랑하고
주님을 사랑하듯
다른 사람의 영혼을
내 몸과 같이 아끼는 사랑이다

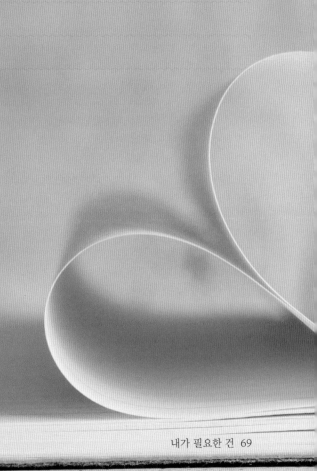

누가 구원할꼬

흰 눈인줄 알았더니 온통 먼지로 뒤덮혔네
착한 선인줄 알았더니 온통 위선으로 뒤덮혔네
공의인줄 알았더니 온통 공갈로 뒤덮혔네
사랑인줄 알았더니 온통 허세로 뒤덮혔네
진짜인줄 알었더니 온통 가짜로 뒤덮혔네

세상은 악에 속하였나니
의인은 없도다 하나도 없도다
누가 악에서 구원할꼬
그는 예수 그리스도

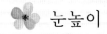 눈높이

내게 다가와서 고맙다
눈높이를 맞춰주니 마음이 열린다

눈높이에서 생각하고
눈높이에서 대화를 나누고
눈높이에서 비전을 나누니
무언가 이룰 것 같다

주님의 눈높이는 누구에게나 맞는다

눈높이 73

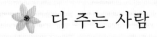 다 주는 사람

햇살 가득 안고 앞에 나타났다
따사함을 선사하고 갔다

미소 가득 안고 옆에 나타났다
옆구리 쿡쿡 찔러 한바탕 웃음을 주고 갔다

소망을 가득 안고 뒤에 나타났다
앞이 보이지 않아 헤맬 때 등불을 비쳐주고 갔다

사랑을 가득 안고 위에 나타났다
텅 빈 마음에 하늘의 사랑을 가득 채우고
영원히 함께 하리라 약속했다

모든 것을 다 주는 사람, 예수님

다 주는 사람 75

🌸 동참

말로 동참하기

마음으로 동참하기

행동으로 동참하기

순종으로 동참하기

헌신으로 동참하기

순교로 동참하기

예수님의 제자들은 왜 그랬을까 …

주님 사랑함이 크고 크도다

딩동

딩동
너가 아니야

딩동
너도 아니야

딩동
모두 아니야

내가 기다리는 건
사랑하는 사람의 딩동이야

딩동
앗
주님이시다

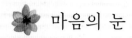 마음의 눈

나는 금을 집어 들기 원했어

하지만 내 손안에 있는 것은 누런 똥이었어

나는 성공을 거머 들기 원했어

하지만 내 안애 있는 것은 타락의 길이었어

나는 높은 명예를 누리기 원했어

하지만 내게 남은 것은 누더기 옷이었어

왜 그랬을까 …

그건 마음의 눈이 어두워 보지 못했기 때문이지

주님의 빛이 마음에 있어야 옳은 것을 보고 잡을 수 있는 거야

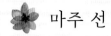 마주 선

바라만 봐도 좋다
만날 수 있다는 믿음이 있기에
바라만 봐도 흐믓하다

소리만 들어도 좋다
항상 곁에 있을 것이라는 소망이 있기에
듣기만해도 즐겁다

온기만 느껴도 좋다
다시 곧 하나된다는 사랑이 있기에
온기만 느껴도 다정다감하다

믿음 소망 사랑이 있으니
마주 선 천국은 내 마음 속 깊이 들어온다

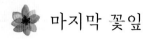 마지막 꽃잎

꽃잎이 한 잎 두 잎 떨어지누나

마지막 한 잎,
너의 친구들은 이미 떠나갔으나
너는 참으로 오래 견디누나

세월을 견딘 너의 모습에
사람들은 너를 보고 흉하다 하겠지만
나는 네가 아름답다 말하고 싶다
네 몸을 다 바쳐서 나를 기쁘게 하였으니
참으로 어여쁘다

이내 몸도 너처럼
주님께 더없이 기쁨이 되고 싶으이

만족

창공을 나는 새야
너는 행복하느냐

높이높이 드높이 날 수 있음에
자랑이 나오더냐

바람을 따라 날으며
구름을 따라 노래하며
태양을 따라 꿈을 꾸노니
너는 만족하더냐

창조주는 말하길
바람도 내가 짓고
구름도 내가 짓고
태양도 내가 짓고
너도 내가 지었나니
오직
창조주만 찬양할지니
이세상에 자랑하고 만족할 것이 무엇이더냐

매일 결혼하는 여자

하루 하루를 살아가는 여자
하루를 기억하는 여자

그런 여자를 위해 매일 프로포즈하고
매일 결혼한다

여자는 매일 매일 행복하다

주님은 나에게 매일 프로포즈하고
매일 결혼을 한다.

하루의 기억 동안
먼 발치에 있어도
머나먼 지구 끝에 가 있어도
주님은 찾아 오신다

주님 날개로 보호하고 안아 주시며
우주 끝이라도 여행 시켜 주신다

신랑과 영원히 함께 하는

이 보다 더 행복한 신부가 있을까 …

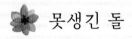 ## 못생긴 돌

빙글빙글 돌다가
못생긴 돌 하나 건네 받았다

1초 2초
고민하다가
집으로 가져왔다

하루 이틀 후
버릴까 하다가
한달 두 달
계속 바라본다

너의 못생긴 모습 속에
주님 사랑의 모습이 담겨있기 때문이다

나의 못난 인생 속에
너의 행복한 미소가
사랑으로 치유하기에
소중히 간직한다

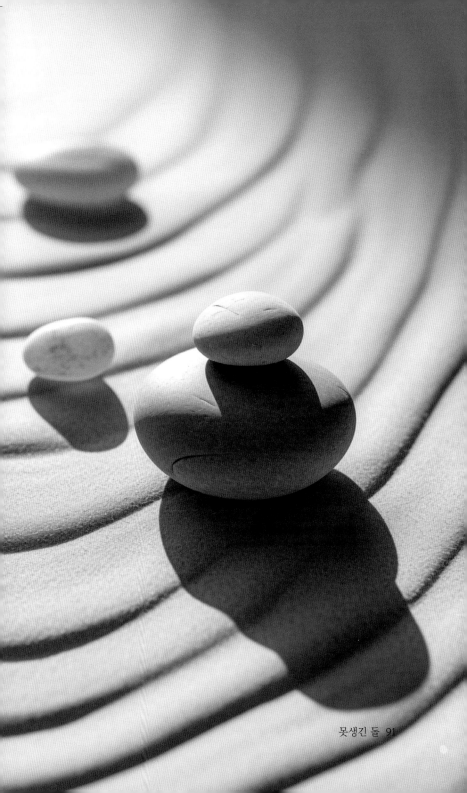

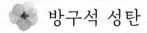 방구석 성탄

방구석에 홀로 앉아
구유에 뉘인 아기를 떠올린다

쓸쓸히 지나는 시간 동안
외롭고 헐벗은 이들의 모습이 스쳐 지나간다
성탄의 날에 무엇을 할까 …

내 심령이 가난해지니
지난날 양로원을 찾아가 성탄을 함께 했던 기억이 난다
이듬해에는 외로운 이웃과 성탄을 함께 하리라 …

방구석 성탄의 의미를 더하시니 감사하다

변화 받은 자

오늘 만족하지 못하면
내일도 만족하지 못한다

오늘 감사가 없으면
내일도 감사가 없다

그러나
어제 만족하지 못했어도
오늘 만족할 수 있고
어제 감사가 없었어도
오늘 감사할 수 있는 사람은
지금 변화 받은 자이다

별의 노래

별 하나 부르고 반짝이고
별 둘 부르고 반짝반짝하고
별 셋 부르고 사라졌다

어디 갔니
그것도 몰라
네 마음에 있자나

별 하나 부르고 미소짓고
별 둘 부르고 행복하고
별 셋 부르고 찬양해

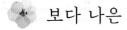 ## 보다 나은

남들 가는 곳 갈 수 없고
남들 먹는 것 먹을 수 없고
남들 즐기는 것 할 수 없고
남들 가진 것 가질 수 없고
남들 하는 것 누릴 수 없어도

나는 남들 가지 못하는 곳 안드로메다 갈 수 있고
나는 남들 먹지 못하는 영의 양식 먹을 수 있고
나는 남들 즐기지 못하는 천국의 기쁨 누리고
나는 남들 가지지 못하는 비전을 가지고
나는 남들 누리지 못하는 은혜를 만끽 한다네

보따리

눈물의 바다 침상
기쁨의 바다 침상
소망의 바다 침상

침상은
하늘 사닥다리로 오르는
기도의 자리

눈물의 보따리 보따리 올리며
사랑으로
응답으로
비전으로
내려올 줄 믿는다

보배

사망에 둘러싸인 철장 사이라도
그 안에도 보배가 담겼노라

성령의 힘으로
철장이 무너지고
자유하게 되어
보배를 품 안에 넣을 수 있노라

그러나
주님은 그것을 타인에게 주라고 하시네
주는 자가 복되다 하노니
받는 것 보다 주는 것이
하늘의 상급이 더 큼이라

귀하게 얻은 보배를 거저 주라 하시네
하늘의 보배가 이전보다 더욱 풍성해짐이라

🌸 불씨

아슬아슬 해

뜨겁지 않아

식어가는 것 같아

호흡이 멈춘 것 같아

살아있는 거니?

괜찮아

꺼져가는 심지도

주님이 잊지 않으시고

꺼져버린 등불도

주님이 불 밝히실 거야

빛의 안테나

어찌 그리 하였을까
어찌 그리 알았을까
나에겐 안테나가 달렸는가 보다

이리가도
저리가도
그의 손길 피할 수 없구나

내 안의 안테나가
주님을 향해 꼭꼭 꽂혀 있나보다

하늘 창공에 닿아도
바다 끝에 머물지라도
나를 찾아내시니
찬란한 빛의 안테나 덕분이여라

사랑 덩어리

어느 날 사랑 덩어리가 데구루루 굴러들어 왔다
이리 눌러도 사랑해
저리 눌러도 사랑해
어디를 눌러도 사랑해
까르르 르

오늘도 사랑해
내일도 사랑해
언제나 사랑해
까르르 르

날마다 사랑받으니
미소가 가득
언제나 사랑받으니
웃음이 가득
까르르 르

주님의 기쁨처럼
천사의 미소처럼
영원한 천국의 웃음이
내 영혼 가득히
까르르 르

너는 주님이 보내신 사랑 덩어리야

🌸 사랑의 진실

사랑한다는 말 대신
사랑하는 모습을 보여 주고

사랑한다는 글 대신
사랑하는 행동을 보여 주니

사랑의 진실은
거짓 모양과 입술에 있지 않고
온 마음으로 행동하는
그리스도의 향기와
그리스도의 빛에 녹여진
그리스도의 사랑 안에 숨어 있다

오직 그를 향해
한 마음과 한 길로 달려가리

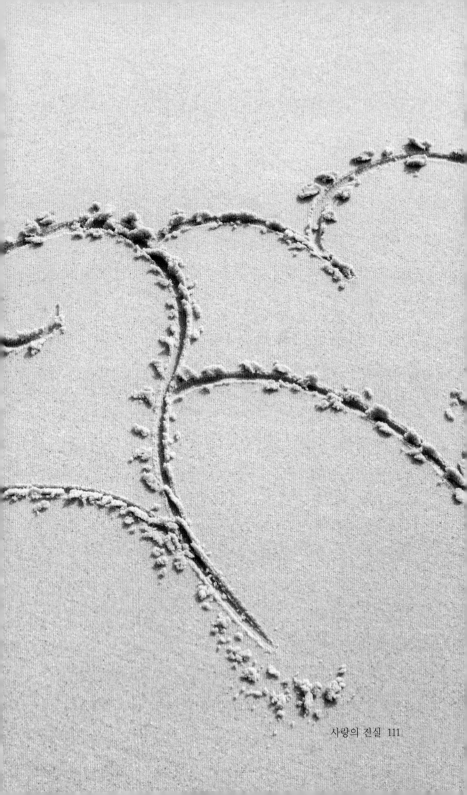

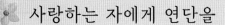 사랑하는 자에게 연단을

하나님은 나를 가장 사랑하신다.
갈 길을 밝히 알게 하시고
주님 날개로 안아 인도하신다.

때로는 안개 속에 머물기도 하고
얼마간 폭풍을 만나기도 하며
광활한 사막 가운데도 세우신다.

무엇을 위한 연단인가…

이스라엘 백성을 광야에서 인도하여 내듯이
예배하게 하시고
경외하게 하시며
말씀으로 사는 줄 알게 하심이라.

예수님이 고통을 받아 고난 받는 자들을 도우셨음에
예수님의 제자로 따르러
고통을 알고
고난 받는 자들을 위로하며
도우라고 하심이라.

하나님은 안개를 걷히게 하고
폭풍 속에 생명을 주시며
사막 가운데 꽃을 피우게 하신다.

은과 금으로 연단하여 강하게 만드시고
인내 속에 주님의 성품을 닮아
만민을 구원하시려는 뜻을 받들어
복음 전파에 힘쓰게 하신다.

사랑하는 자에게 연단을 주사
더욱 빛나고 높은 별이 되게 하신다.

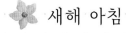 ## 새해 아침

이른 아침 달려간다

보고 싶고
안아보고 싶고
사랑하고 싶어
새해 아침에
제일 먼저 만나러 간다

아직 날이 밝기 전
제일 먼저 손과 손을 마주치며
새해를 응원한다

주님이 말씀하신다
어제도 함께 했고
이제도 함께 하며
내일도 함께 하리라고
온전히 즐거워 하라신다

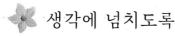 ## 생각에 넘치도록

생각만 해도 목소리가 들린다

생각만 해도 내 앞에 나타난다

생각만 해도 모든 것이 통한다

주님이 날 너무나 사랑해서

생각에 넘치도록 부어주신다

🌸 생일

사랑이 태어났다
지혜와 지식으로 만났으니
놀라운 축복이다

앞으로 더욱 기이한 기사를 보리라
주님 사랑으로 하나되고
주님을 위해 달려가며
주님을 위해 사명을 다하니
듣도 보도 못한 주님의 기적을 보리라

부르심을 축하해
그리고 사랑해

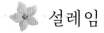 ## 설레임

꽃 잎에 이슬이 살포시 내리듯 설렌다
꽃 잎 속에 꽃수술이 슬며시 나오듯 설렌다
꽃 잎 뒤에 숨은 나비가 얼굴을 살며시 내밀듯 설렌다

나는
언제나 그 자리에 앉아
두 손 모아 무릎 꿇고
조용히 기다린다

곧 주님 뵈올 설레임에
가슴이 성난 파도처럼 두근거린다

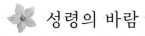 성령의 바람

싸늘한 바람이
내 볼을 스쳐
마음까지 시린 것은
주님의 온기를 느끼지 못한 까닭이지

성령의 바람이
온 몸을 스쳐
마음까지 불덩어리 된 것은
내 눈물을 삼키고
나의 울부짖음을 높이어
기쁨의 영을 불어넣은 까닭이지

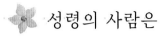 성령의 사람은

성령의 사람은 실패해도 절망하지 않는다

성령의 사람은 힘들어도 뛰어갈 수 있다

성령의 사람은 무거워도 날아갈 수 있다

성령의 사람은 아파도 끝까지 견딜 수 있다

성령의 사람은 울어도 희망을 노래한다

성령의 사람은 슬픔에도 웃음을 전달한다

성령의 사람은 고통에도 행복을 창조한다

성령의 사람은 실수해도 기적을 만난다

성령의 사람은 영원한 사랑이 그치지 않는다

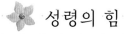 성령의 힘

느끼고
생각하고
원하고
바라고
소망하니

다가오고
들려오고
달려오고
날아오고
내 품안으로 오니

하나님이 보내신
성령의 힘인가 보다

성탄1

슬픈 성탄인줄 알았더니
외로운 성탄인줄 알았더니
초라한 성탄인줄 알았더니
눈물의 성탄인줄 알았더니

성탄의 주인공이 누구냐
주님이 물으시니

슬픔이 사라지고
외로움이 사라지고
초라함이 사라지고
눈물이 사라지고

주님과 함께
기뻐하고
즐거워하며
행복한 성탄이다

주님과 단둘이
소망이 넘친다…

성탄2

아기 예수님은
아무도 찾지 않는 곳에서
왕으로 오셨다

하늘의 별과 달이 찬양하고
천사들이 나팔을 불었다

주님은 먼저 외롭고 병들자들을 불렀다
낮고 낮은 자가 왕이신 주님을 알아봤다
높고 부유한 자들은 주님을 무시했다

화려하고 빛난 축제의 성탄은 주인공이 없다
아무도 찾지 않는 천국의 성탄은
심령이 가난한 자들이
날마다 기쁨으로 축제한다

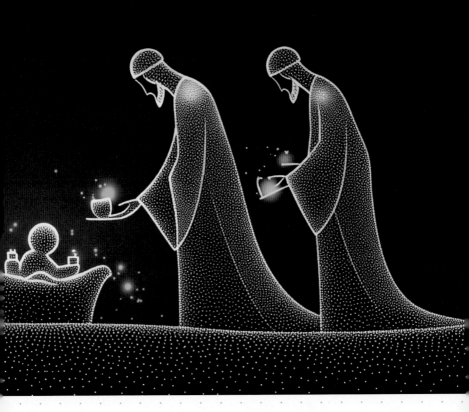

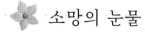 소망의 눈물

어찌 이리도 날 사랑하시었나이까

한치 앞도 모르는 나에게 빛으로 인도하시고
갈 길을 보이시며 나의 걸음을 안전하게 옮기셨나이다

기쁨과 즐거움을 더한 증거에 주님 손을 맞잡고
행복 가득한 마음 싣고 걸음걸음 걷게 하셨나이다

나의 잔이 넘치고 나의 머리에 화관을 씌우시니
세상 누구보다 사랑받으며
아버지의 품안에서 감격의 탄성 소리를 외치었나이다

오늘도 난 소망의 눈물을 흘리며
겸손히 무릎 꿇고 주님만 바라리이다

순간

온갖 욕을 퍼붓고 싶었어
칼로 찌르려고 칼날을 갈았어
미움을 넘어 감옥에 가두었어

자신이 멈추어지지 않을 때
순간
빛이 하늘에서 내려왔어
그리고
주님이 모든 것을 거두었어

난 이제 사울이 아니야
주님의 제자 사도 바울이 된 거야

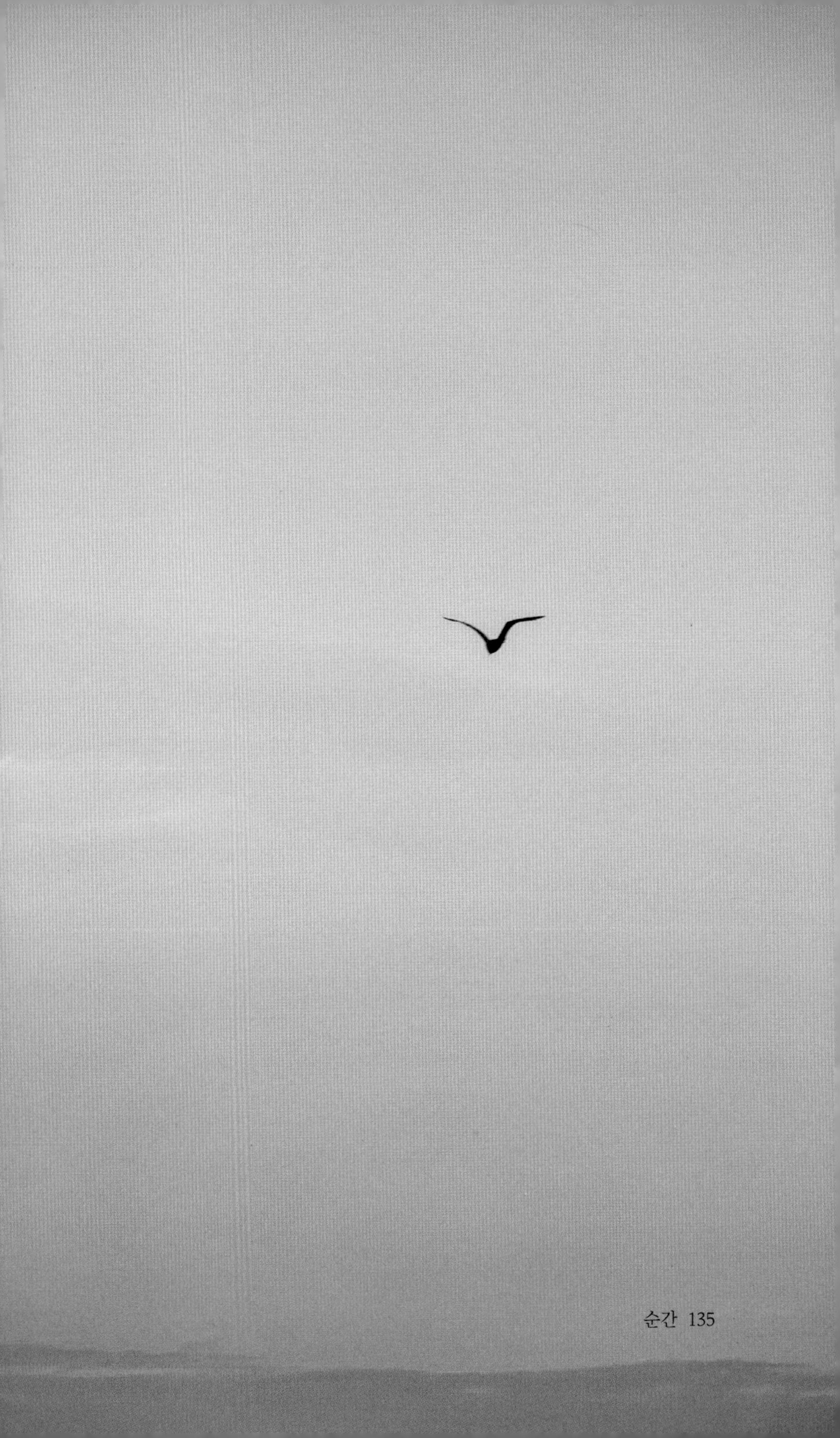

숭고히 나아가리

나 자신을 보고도 나를 부인하고
내가 아닌 타인이 보는 나로 살아가는 것은
고통을 승화시켜 보석으로 살아가는 의미이라

행복을 알고 눈물을 알고 기쁨을 알고 슬픔을 알며
하늘 위에 하늘로 살아가는 것이리라

남이 갖지 않은 것을 가졌음에 기뻐하고 슬퍼하며
희락과 고귀함으로 승화시켜 남들이 도달하지 못하는
숭고함에 이르고자 함이라

눈 앞에 보이는 열매를 바라보지 않고
눈 앞에 보이지 않는 열매를 확신하여 바라봄으로
슬퍼도 슬프지 않고 괴로워도 괴롭지 않으며
고통스러워도 의연히 관대함으로 나아가리

빛나고 높은 뜻은 쉽게 보이지 않음이여
숭고히 높게 도달해야만 가질 수 있기에
마음을 비우고 뜻을 기리며 빛을 따라 가노라

승화

이슬이 송글송글
아침의 보석을 만들고
하늘로 올라간다

아지랑이 아른아른
초원의 만찬을 만들고
하늘로 올라간다

내 마음이 살랑살랑
소망의 닻을 만들고
주님께 다 닿는다

주님 흠모함이 하늘하늘
샘솟는 강물을 만들고
하늘 보좌로 올라간다

성령의 단비가 보슬보슬
기도가 응답되어
내 마음이 실룩샐룩
만물이 덩실덩실 춤을 춘다.

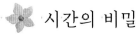 시간의 비밀

1초 2초 3초 …
초단위로 시간을 볼 때는 설레임이 움틀 거린다

1시간 2시간 3시간 …
시간단위로 시간을 볼 때는 간절함이 서린다

1개월 2개월 3개월 …
월단위로 시간을 볼 때는 그리움이 드리운다

1년 2년 3년 …
연단위로 시간을 볼 때는 소망이 넘실거린다

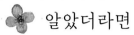 알았더라면

사막에 샘이 솟아나는 걸 알았더라면

황무지에 꽃이 피는 걸 알았더라면

바다에 길이 나는 걸 알았더라면

과거의 발목이 매여 슬퍼하지만 않았겠지 …

애절

애절하다
심장이 터질 듯이 간절하다
소리 내어 외치고 싶은데
이불속에 파묻고 소리 없이 울어야 한다

슬픔의 소리가 하늘 높이 올라간다
고통의 심장이 파도 친다
넘치는 술렁거림이 산을 넘는다

외치고 외치며
눈물로 눈물로 호소하니
하늘 문 열리고 주님 보좌 앞에 나아간다

주님이 두 팔 벌려 안아 주시고
새 힘 주시며
축복의 통로를 약속하신다

주님,
이제 절망 속에도 다시 한 번 해볼께요
감사해요

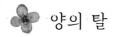 # 양의 탈

양은 푸른 초장을 좋아하고 낮은 곳에 거할 줄 알아
양은 쉴 만한 물가를 좋아하고 함께 어울릴 줄 알아
양은 말없이 주인의 음성만 듣고 따라갈 줄 알아

그런데 넌 누구니?

높은 곳을 좋아하고 내려올 줄 모르는 너
울기 좋아하고 자신만을 알아 달라고 조르는 너
떠들기 좋아하고 말썽만 부리는 너
말도 많고 탈도 많은 너
넌 분명히 양의 탈을 쓴 염소인가 보다

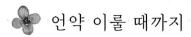 언약 이룰 때까지

조금만 덜 아프게 해다오
조금만 쉬엄쉬엄 가게 해다오
조금만 기다리게 해다오

언약이 이룰 때까지
조금만 조금만

많이 받아서 쓰러질까
많이 가서 지칠까
많이 기다려서 사라질까 하노니
조금만 조금만

사랑하는 영혼의
언약이 이룰 때까지

여행

내가 네가 되고
네가 내가 되어
하늘을 날아간다

네가 꽃잎이 되고
내가 꽃이 되어
구름속에 뒹구리라

너와 나의 여행은
주님께로 와서
주님과 동행하다가
주님께로 돌아가는 것이거늘

마지막 여행 문 앞에 설 때
주님 빛으로 맞아 주시리라

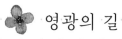 영광의 길

한번 찌르니 앗
두 번 찌르니 아야
세번 찌르니 죽었다

살 길은?

네가 내 안에 들어와
호흡이 되고
생명이 되니
되살아 났다

보혈의 피로
나 영광의 길 걷네

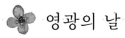 영광의 날

살아 숨쉬는 동안
함께 하고 싶다

성령의 호흡으로
주님을 찬양하고

성령의 기쁨으로
주님 앞에 춤을 추며

성령의 인도함 따라
숨이 멎는 영광의 날 …

주님의 나라 입성을 꿈을 꾸네

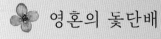 영혼의 돛단배

영혼의 찬양이 울려퍼진다
지난날의 주님 약속이 떠오른다
주님은 그 약속을 이루고 계셨구나

통회와 애통의 눈물이 바다를 이루어
소원의 뱃머리에 노를 젓는다

영혼의 돛단배는
깊고도 넓게
주님의 나라에 다 닿는다

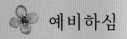 예비하심

예비된 것을 보았네
예쁜 테이블 위에
예쁜 꽃이 소담히 담겨져 있음을

예비된 영광을 누리리
예쁜 테이블 처럼 지경을 넓히고
예쁜 꽃 처럼 영광을 올려드리리

주님이 예비하신 것은
나를 위한 아름다운 것이라오

용서

웃기지도 슬프지도 않은 사람을 보았네

용서해야 천국 간다 하면서도

그 사람 앞에서는 용서할 수 없어 등을 돌린다네

웃기지도 슬프지도 않은 사람을 보았네

죽일 듯 뒤에서 욕을 퍼붓고는

그 사람 앞에 서는 춤을 추었다네

웃기지도 슬프지도 않은 사람을 보았네

하지 말아야지 가지 말아야지 하면서도

곧은 길을 버리고

멀고도 험한 길을 자처한다네

주님은 그 모습을 보고

웃지도 울지도 못하시고

애처로이 바라보셨네

주여!

용서 하소서

새롭게 하소서

용서　161

왜

내 눈에 슬픔이
내 눈에 눈물이
내 눈에 고통이 있어도
감사

왜?

주님이 내 모든 눈물을 씻기시고
생수의 강으로 인도하시며
부족함 없이 채우시기에
감사

그렇지!

우정과 사랑

우정은 문 앞에 이르고
사랑은 문안에 이른다

우정은 제한이 있고
사랑은 무한하다

우정은 내일을 약속하고
사랑은 영원을 언약한다

우정은 동행을 아끼지 않고
사랑은 목숨을 아끼지 않는다

주님은 사랑이시라

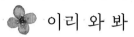 이리 와 봐

이리 와 봐
호~ 해 줄게

이리 와 봐
안아 줄게

이리 와봐
말해 줄게

오늘도 수고한 너에게 힘이 되어 줄게
하나님은 너를 무척 사랑해
그리고
나도 너를 사랑해

이리 와 봐 167

이제부터 될 거야

잘 하고 싶은데 안되지?
웃고 싶은데 안되지?
행복하고 싶은데 안되지?
멋지게 성공하고 싶은데 안되지?

거꾸로 뒤집어 보자
안되지는 되지~

이제부터 될 거야
기도하고 힘내자
주님이 도우실 거야

일

나의 즐거운 일
나의 보람된 일
나의 행복한 일
그것은
주님을 믿는 믿음

나의 행하는 모든 일을
빛나게 하신다

입맞춤

굿모닝 입맞춤

굿 애프터눈 입맞춤

굿 이브닝 입맞춤

굿 나잇 입맞춤

그리스도와 입맞춤이 없으면

험난한 길 구해줄 자 없다네

작정 기도

시간이 흐른다
약속의 시간이 다가온다
그날이 되면 알 수 있으려나
언약을 기다리며 1초가 새롭다

그날에
약속해 주실 건가요
무엇보다
주님의 시간을 원해요

사명의 소명을 이룰 …
소명의 사명을 이룰 …
다 이루어 지리이다

아멘으로 화답할 때를 기다리며 …

 주님 뜻은

그리 하고 싶었나요?
거짓으로 진실을 가렸으니 말이예요.

그리하고 싶었나요?
욕심이 가득하여
홀로 이고 지고 가져갔으니 말이예요

그리하고 싶었나요?
함께 나누면 열매가 배가 될 것을
심지도 않고 거두지도 않아
메마른 땅이 되었으니 말이예요

이제 그리 하면 안될 것 같아요
주님 뜻은
사랑으로 심고
사랑으로 나누며
사랑으로 거두길 바라니까요

 주님 주신

한 입 먹고 떠오른다
두 입 먹고 감격한다
세 입 먹고 눈물난다

주님이 주신
그 사랑이 너무 크시어
엉엉 소리 내어 울어버렸다

주님, 사랑해요 …

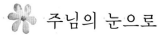 주님의 눈으로

눈에 슬픔이 가득
눈에 눈물이 그득
눈에 옥구슬이 도로 록

다시 한 번 시작하자

눈에 행복을 담아
눈에 초롱초롱 그득히
눈에 별이 반짝 빛나도록

주님의 눈으로 함께 하련다

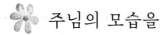 주님의 모습을

사모하네 사모하네
눈동자 같이 날 지키시는 주님의 모습을
간절히 사모하네

마주하네 마주하네
그윽히 바라보는 인자하신 주님의 모습을
자비로 마주하네

사랑하네 사랑하네
날 구원하신 주님의 모습을
눈물로 마음에 담아 애절히 사랑하네

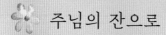 주님의 잔으로

미워할 수도 없고
미워해서도 안되고
그렇다고
사랑할 수도 없고
사랑하기도 어렵고

넌 원수의 잔을 마셨나 보다

기다려봐
곧 주님의 잔으로 채우실 거야

지혜로운 사람

말로만 하는 사람
행동으로 하는 사람

말로만 하는 믿음
행동으로 하는 믿음

말로만 하는 사랑
행동으로 하는 사랑

주여 주여 하는 자가 천국가나?
지혜로운 사람만이 답을 알고
지혜 위에 지혜를 더한다.

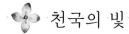 # 천국의 빛

사람이 무감각하게 느껴지면
사랑이 식어지기 때문이다

세상이 무채색으로 보이는 건
사랑이 없기 때문이다

인생이 무의미하게 여겨지면
사랑이 무너졌기 때문이다

그곳에서,
주님은
사랑의 손길을 내미시고
새 예루살렘의
열두 보석과 열두 진주로
천국의 빛으로 덫 입히시네

천국의 용사

사단이 너의 계획을 알아버렸어
이제부터 속상한 일이 생길 거야
지금부터 되던 일도 안될 거야
속히 부서지고 넘어질 거야

그러나
걱정하지마
이내 곧 믿음의 승리로
더 높이 성공하고
더 넓게 성장하며
더 깊이 성숙하여
더 좋은 일이 많아질 거야

너는 사단을 이기고
천국의 용사가 될 거야

천국의 용사 191

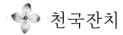 천국잔치

그리워도 그리워할 수 없고
만나고 싶어도 만날 수 없고
가지고 싶어도 가질 수 없고

지우고 싶어도 지워지지 않고
포기하고 싶어도 그럴 수 없고
떠나고 싶어도 떠나지지 않고

언약은 영원하기에
모든 것을 버리어서라도
가져가야 하는 것

그리움에 믿음을 달고
만나고 싶음에 소망을 달고
가지고 싶음에 사랑을 달아

천국잔치에 합격 하련다

천사

날개달린 천사야
너는 좋겠다
빛난 날개 펼쳐서 하늘도 나를 수 있고
사모하는 주님 뵈옵도록
주님 보좌에 가 볼 수도 있고
모든 이가 너를 부러워하잖니

그러나
너는 말한다
천사는 구원받은 나를 섬기라고 보내심을 입었다고…

축복

앞에 있어도 말 못하고
바라보는 것은 기다림이다

뒤에 있어도
뒤돌아 보지 못하는 것은 기다림이다

주님이 내 안에 들어오시기 까지
가만히 기다린다

주님이 내 머리에 안수하시고
사랑스레 말씀하신다
네 머리에 기름을 붓고
네 잔이 넘치며
원수가 해하지 않게 지키고
원수 보다 높이며
쉴 만한 초장과 소원의 항구에
이르도록 축복하노라

🌸 친구

이 또한 지나가리라
친구가 좋아하는 말이다

이 또한 지나가리라
친구가 즐겨하는 말이다

이 또한 지나가리라
친구가 소망하는 말이다

아 …
얼마나 힘들었으면…
앞으로는
내가 함께 기도해 줄게 …

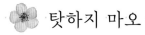 탓하지 마오

조금 채웠다 탓하지 마오
조급하지 않으면 하나 하나씩 빈공간을 메울 것이오

시간이 없다 탓하지 마오
주어진 시간은 넉넉하여 채우고도 남을 것이오

힘들다 탓하지 마오
사랑을 채우려면 헌신이 따르오

탓하지 마오
모든 것이 더 좋은 계획의 과정이오

특녕

지금은
아무것 없어도
보여지고
들려지고
느껴지고
만져지니
특별한 인연인가 보다

나의 가는 길에 너와 함께 가고
나의 하는 일에 너와 함께 하고
나의 소망의 일에 너와 함께 바라보고
나의 사명의 길에 너와 함께 동행하니
복음의 빛 위해
함께 연합하여 순종으로 나아가는
주님의 특명인가 보다

평행선 1

평행선이 좋아?
마주선이 좋아?

평행선은 닿고 싶으나
영원히 닿을 수 없으니 슬픔이고

마주선은 닿고 싶을 때
영원히 만날 수 있으니 희망이다

두 선이 행복한 길은
서로 만나 녹아버리면 영원히 하나가 되지

평행선2

닿고 싶으나 닿을 수 없는 평행선
사람과 하나님 사이는 평행선 같다
하나 될 수 없는 슬픔이었다

그러나
예수님은 하나님과 사람 사이를
마주서게 하신다

그리고 서로 서로를 십자가로 연결하여
하나 되게 하신다

이제 행복하다

하나

반쪽이어서 슬프다
반쪽이어서 괴롭다
반쪽이어서 오해한다
반쪽이어서 지친다

주님은 하나되자고 하신다

하나되면 기쁘고
하나되면 행복하고
하나되면 이해하며
하나되면 힘이 난다

주님을 사랑하니
주님의 날개로 날 안아
하늘 향해
하나되어 날아간다

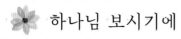 하나님 보시기에

사람보기에 보잘 것 없어도
하나님 보시기에 가장 귀하고

사람보기에 쓸모없어도
하나님 보시기에 주춧돌을 삼으시고

사람보기에 흉칙 하여도
하나님 보시기에 보석같이 빛나고

사람보기에 메말랐어도
하나님 보시기에 풍성한 영혼이고

사람보기에 버릴 것이어도
하나님 보시기에 귀한 열매이다

하나님으로부터 난 의인

불평을 논하는 자 불평이 많고
원망을 논하는 자 원망이 많고

양심을 논하는 자 양심이 없고
공의를 논하는 자 공의가 없고

사람은 스스로 원치 않아도 거짓되다
그러나
하나님은 참되시다

주님은
거짓된 인생을
불평 없이 원망 없이 만드시고
양심 있고 공의가 있게 하시니
하나님으로부터 난 의인으로 살게 하려 하심이다

하나님의 소유

나는 아담의 것
아담은 그리스도의 것
고로 나는 그리스도의 것

그리스도는 하나님의 것
고로 나는 하나님의 소유된 자녀

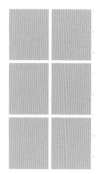

하나님이 일러 준 사람

울리는 사람
웃게 하는 사람

슬프게 하는 사람
행복하게 하는 사람

고민하게 하는 사람
해결하는 사람

걱정하게 하는 사람
평안하게 하는 사람

사람이 맺은 사람
하나님이 일러 준 사람

난 …
사람의 사람 보다
주님의 사람이 좋다

하늘을 품은 사람

높고 드높은 하늘이 내려왔다.
지구 풀잎에 앉아 하늘의 소식을 전해줬다.
곧 하나님의 형상을 닮은 아름다운 사람들을 위해
천국잔치가 열릴 거라고 …

다시 한번 내 귓속에 속삭였다
복음의 사명을 다하는 날에 하늘 보좌에서 초대 한다고 …
그리고
사역이 힘들지 않게 든든한 동역자도 함께 보내줬다고 …
주님, 누구인가요?
이미 일러줬느니라
아,
네 …

하늘은 내 안에 성령의 숨결을 남기고
어느새 그곳으로 떠나갔다.
난 여전히 하늘을 품고 미소로 화답한다.